W9-AWD-149

SP   32489109018991
599.53   Macleod, Steve.
MAC
            Yo soy el delfin

                                        $19.04

DATE DUE	BORROWER'S NAME	ROOM NO.

            32489109018991
SP   Macleod, Steve.
599.53
MAC   Yo soy el delfin

573011 01904 35273B 35494E   0007

YO SOY EL DELFÍN

Steve Macleod

www.av2books.com

This AV² media enhanced book gives you a fully bilingual experience between English and Spanish to learn the vocabulary of both languages.

English   **Spanish**

AV² Bilingual Navigation

X CLOSE

HOME

CHANGE LANGUAGE ENGLISH SPANISH
LANGUAGE TOGGLE

BACK NEXT
PAGE TURNING

PAGE PREVIEW

Copyright©2013 AV2 By Weigl. Library of Congress Cataloging-in-Publication Data is located on page 24.

YO SOY EL DELFÍN

En este libro, te voy a enseñar sobre

- **mí mismo**
- **mi comida**
- **mi hogar**
- **mi familia**

¡y mucho más!

Soy un delfín.

Puedo aguantar mi respiración por más de diez minutos.

7

Uso el sonido para ver.

Hago un ruido de hasta 1,000 chasquidos cada segundo.

11

Aprendo un silbido especial y lo uso como mi nombre.

13

Puedo saltar más alto que una casa.

Puedo nadar cuando estoy durmiendo.

17

Trago mis alimentos sin masticarlos.

Vivo en aguas donde trabajan los pescadores.

Soy un delfín.

DATOS SOBRE EL DELFIN

Esta página proporciona más detalles acerca de los datos interesantes que se encuentran en este libro. Basta con mirar el número de página correspondiente que coincida con el dato.

Páginas 4–5

Soy un delfín. Los delfines viven en los océanos de todo el mundo. Tienen cuerpos largos, elegantes, con aletas que les ayudan a nadar. La boca curva en su hocico hace que los delfines parezcan estar sonriendo.

Páginas 6–7

Los delfines pueden aguantar la respiración por más de 10 minutos. La mayoría de las personas sólo pueden aguantar menos de un minuto. Los delfines suben a la superficie del agua para respirar a través de un agujero en la parte superior de la cabeza.

Páginas 8–9

Los delfines usan el sonido para ver. Hacen un ruido con chasquidos que viajan a través del agua. Cuando los sonidos chocan con algo, un eco rebota de vuelta a los delfines. Por el eco pueden determinar la distancia, tamaño y forma de los objetos.

Páginas 10–11

Los delfines hacen un ruido de hasta 1,000 chasquidos cada segundo. Compare esto con la mujer que puede hablar 11 palabras por segundo. Los delfines también se comunican usando otros sonidos. Pueden producir chillidos, clics, aullidos, soplos como estallidos y silbidos.

Páginas 12–13

Los delfines aprenden un silbido especial y lo usan como su nombre. Los científicos lo llaman "silbido firma". Se cree que lo usan para decirse el uno al otro quienes son. Aprenden su silbido firma cuando cumplen un año de edad.

Páginas 14–15

Los delfines pueden saltar más alto que una casa. Pueden saltar 16 pies (4.9 metros) fuera del agua (más o menos la altura de una casa de un piso). Los científicos creen que en la naturaleza los delfines saltan para ahorrar energía mientras viajan o para atrapar peces. Algunos delfines hasta hacen cabriolas en el aire.

Páginas 16–17

Los delfines pueden nadar mientras duermen. Es un sueño liviano similar a la siesta de las personas. Cuando toman una siesta, nadan lentamente junto a otro animal. También pueden dormir mientras están quietos.

Páginas 18–19

Los delfines tragan los alimentos sin masticarlos. Usan sus dientes sólo para atrapar alimentos. Su estómago tiene tres partes. Usan todas las tres partes para ayudarles a digerir los alimentos porque se los tragan enteros.

Páginas 20–21

Los delfines viven en las aguas donde trabajan los pescadores. Es peligroso porque se enredan en las redes y equipo de pesca, y se mueren. Les es difícil a los científicos calcular el número exacto de delfines en el mundo. Se les considera una especie protegida.

Check out av2books.com for your interactive English and Spanish ebook!

Tengo pelo que funciona como un impermeable.

8

1 Go to av2books.com

2 Enter book code   C54148

3 Fuel your imagination online!

www.av2books.com

Published by AV² by Weigl
350 5th Avenue, 59th Floor New York, NY 10118
Website: www.av2books.com   www.weigl.com

Macleod, Steve.
 [Dolphin. Spanish]
 Soy el delfin / Steve Macleod.
     p. cm. -- (Soy el)
 ISBN 978-1-61913-173-6 (hardcover : alk. paper)
1. Dolphins--Juvenile literature. I. Title.
 QL737.C432M2418 2012
 599.53'3--dc23
                              2012018622

Printed in the United States of America in North Mankato, Minnesota
1 2 3 4 5 6 7 8 9 0 16 15 14 13 12

012012
WEP170112

Senior Editor: Heather Kissock
Art Director: Terry Paulhus

Weigl acknowledges Getty Images as the primary image supplier for this title.